AF259715

AU

SAUVEUR DE LA FRANCE

AU SAUVEUR

DE LA FRANCE

PAR

F. NOLIS.

———— ◦ ————

PARIS

1872

Après la douloureuse défaite de Sedan, où le vaillant Maréchal de Mac-Mahon, le plus grand des héros de cette guerre désastreuse, fut blessé dès sept heures du matin, et où l'on vit les plaines jonchées des cadavres de nos braves soldats, nous étions dans la plus grande inquiétude en songeant aux dangers qui menaçaient nos frères et nos amis; le lendemain de ce jour désastreux, jour sanglant, où presque toutes les familles avaient à déplorer la perte d'un ou de plusieurs des plus chers objets de leur tendre affection, mort glorieusement pour la patrie.

Nous nous sentîmes défaillir en apprenant l'affreuse nouvelle d'un aussi déplorable désastre.

Ce fut alors qu'on vit se dévoiler la secrète ambition des audacieux usurpateurs empressés à se disputer à l'envi, et comme à titre d'héritage la succession des ruines encore palpitantes du régime déchu.

Le prétendu régime gouvernemental qui succéda au gouvernement de l'Empire, loin d'être le légitime produit d'une véritable révolution, ne fut que le brusque effet d'une surprise.

Ces audacieux conspirateurs, sous le voile du plus faux patriotisme, exploitèrent à leur profit la triste et douloureuse situation dans laquelle ils avaient les premiers contribué à plonger leur malheureuse patrie.

C'est ainsi qu'on les vit, sans autre autorité que celle qu'ils prétendirent avoir le droit de se donner d'aller de la Chambre à l'Hôtel-de-Ville, imposer à la France le Donquichotisme du pouvoir, sous le joug duquel, le peuple gémissant eut le cruel dépit de voir ses nouveaux chefs, vaillants à l'abri du danger, exploiter indignement ses revers.

L'histoire n'offre nul exemple d'une nation aussi effrontément trahie et balottée que ne fut la malheureuse France se fiant imprudemment aux fausses promesses, dont ils ne cessèrent de la bercer durant cinq mois entiers.

Les pompeuses annonces de prétendues victoires démenties chaque lendemain du jour de leur affichage par celles des défaites les plus désastreuses.

Inévitable conséquence du choc reçu par le vaisseau de l'Etat qui venait de se briser contre un écueil, la déplorable situation que fit à la France le régime gouvernemental qui succéda à celui du pouvoir déchu, n'eut d'autre point d'appui de solidité que celui de la fragilité d'un bâtiment mal assis, oscillant sur sa base au gré de la violence des vents soufflés par la tempête.

Une sourde conspiration, jusqu'à ce jour abritée sous le voile d'une énigme dont le secret se révèlera tôt ou tard, retombera en pesant de tout son poids sur la tête des auteurs dont le cynisme n'a pas craint d'en assumer la responsabilité.

Les habitants de Paris qui, comme ceux de toute la province, n'avaient d'autre pensée que celle de sauver la France, et qui, ainsi qu'ils ne l'ont que trop suffisamment prouvé, auraient enduré toutes les souffrances, finirent par s'indigner de se voir dirigés par des chefs qui, ainsi qu'à Buzenval, les menaient évidemment à la boucherie en les faisant se replier alors que la victoire semblait se déclarer en notre faveur, durent naturellement leur paraître mériter la trop juste accusation de coupable trahison ou d'incapacité.

La certitude de voir bientôt succéder au régime de leur gouvernement un gouvernement plus régulier, les détermina, pour sortir de l'impasse où ils se trouvaient acculés par le désaccord survenu entre eux et leurs délégués à Tours, à seconder sourdement, en les laissant agir, les exaltés qu'ils savaient derrière eux, et dont ils ne pouvaient ignorer les criminels projets.

Les favoriser en laissant distribuer de préférence aux gardes nationaux, amis du désordre, les meilleures armes, fut, de leur part, la déplorable tactique qui dut leur attirer le légitime soupçon de songer à se ménager au besoin les ressources d'une puissance propre à contre-balancer la force de résistance d'une autorité légalement constituée.

L'élection par vingt-huit départements de l'illustre **M. Thiers** dut naturellement le désigner à l'Assemblée nationale comme celui auquel elle devait confier l'importante mission de ramener la confiance dans les esprits en déclarant, comme il l'a fait, qu'il avait l'assurance de trouver dans le dévouement et le patriotisme du peuple français la garantie des ressources dues à l'efficacité de ses courageux efforts, et soutenus par le concours et l'appui de l'honorable Assemblée nationale.

Cette élection fut, comme elle ne pouvait manquer de l'être, le coup de mort du gouvernemen de la prétendue défense nationale.

Les hommes du 4 septembre, dépourvus du plus mince des droits à la possession de l'autorité qu'ils avaient usurpée, durent nécessairement succomber

La révolte du 31 octobre qu'ils redoutaient moins qu'on ne le pense et sur la puissance de laquelle ils eussent peut-être bien voulu pouvoir compter, les accula néanmoins, malgré eux, dans un impasse dont ils ne durent qu'à l'illustre homme d'État, le véritable Sauveur de la France, et leur libérateur, de les tirer en leur permettant de feindre de se prévaloir de l'occasion qui leur était offerte de se délivrer du fardeau de la plus redoutable des responsabilités.

Qui le croirait cependant? Ce fut alors qu'après le succès des démarches faites par l'illustre M. Thiers auprès des grandes puissances, dut se révéler à tous les yeux la raison de leur refus d'accepter les propositions de paix qui leur furent faites par l'illustre homme d'État.

C'est qu'en effet le succès inespéré des arrangements conclus par M. Thiers avec M. de Bismark révélait de la manière la plus évidente, avec leur flagrante incapacité, l'insondable abîme dans lequel leur ambition n'avait pas craint de s'exposer à plonger leur malheureuse patrie.

S'associer franchement aux vues de l'illustre homme d'État providentiellement destiné à sauver la France, eût été, de leur part, un aveu que l'hypocrisie du rôle qu'ils avaient joué ne pouvait permettre à leur ambition de s'imposer à faire la guerre à outrance aux Prussiens en se ménageant l'appui des bandes dirigées par les Flourens, les Assi, les Rochefort et les Ferré, etc., n'était de leur part qu'un prétexte auquel ils se promettaient de devoir plus tard le triomphe des plus sanglantes catastrophes.

Qui pourrait, en effet, s'abuser encore aujourd'hui au point de ne pas avouer que ce sont ces mêmes révolutionnaires qui, à la vue même du commencement d'exécution des menaces de la Prusse, dont nul secret ne pouvait voiler la prochaine réalisation aux ambitieux, alors trop bien connus, que ce sont, dis-je, ces mêmes révolutionnaires qui, tout en se récriant contre l'insuffisance de nos ressources militaires, exercèrent une telle pression sur la Chambre, qu'ils en obtinrent une réduction du contingent ordinaire de cent mille hommes, qui ne fut plus que de quatre-vingt-dix mille hommes.

Sans les révolutionnaires, seuls auteurs des désastres de la France, le gouvernement d'alors eût infailliblement triomphé de ses ennemis du dehors qui, d'ailleurs, ne durent qu'à leur trop habile exploitation de nos dissentions, de s'exposer à courir la chance d'une guerre dont ils avaient assurément, plus que la France, à redouter les suites.

Ce sont les révolutionnaires qui, tout en affectant le semblant de leur opposition factice à la guerre devenue nécessaire par l'affront fait par la Prusse à la France, forcèrent le gouvernement à en précipiter la déclaration, au lieu de l'ajourner dans un court, mais nécessaire délai, qui lui eût permis d'en assurer les moyens de succès.

Ce que fit de mal à la France l'insolente et déplorable gestion des auteurs du renversement du pouvoir, l'affligeante situation dans laquelle la nation leur doit de se trouver aujourd'hui, l'exprime trop sensiblement, pour que nous ayons à éprouver le regret d'avoir à nous dispenser d'en faire l'historique.

Hâtons-nous d'arriver à l'affaire de l'enlèvement et du transport des canons à Montmartre.

Nul n'ignore de quelles horribles et nombreuses atrocités se sont rendus coupables leurs maudits accapareurs, les féroces assassins des otages, et les criminels incendiaires de Paris.

Leurs crimes ne pouvaient demeurer impunis, et le jour de la répression tarder à arriver.

La justice divine aussi monstrueusement outragée avait son heure de réparation où elle devait user des châtiments qu'elle réservait à ces infâmes renégats de toute croyance.

Le secret des desseins de l'Eternel se révéla d'une manière évidemment providentielle dans le choix que, selon ses vœux, fit l'Assemblée nationale de l'illustre M. Thiers, et du brave et glorieux maréchal de Mac-Mahon pour, avec le concours de l'héroïque dévouement de l'armée de Versailles, arrêter dans son cours le torrent des dévastations dont la capitale de la France avait le malheur d'être le désolant théâtre.

Avec l'incapacité reconnue des faux hommes d'Etat du 4 septembre, la France, menacée qu'elle était d'être précipitée dans l'abime le plus insondable, ne dut son salut qu'à l'heureuse conclusion du Pacte de Bordeaux, qui fut suivie de l'élection, par les suffrages unanimes de la nation et de 'Assemblée nationale, de l'illustre M. Thiers, dont le dévouement patriotique et la haute intelligence des mesures politiques à prendre pour remettre à flot le vaisseau de l'Etat si fortement ébranlé, répondit, comme on le sait, d'une manière si rassurante à la douloureuse anxiété des véritables Français.

Le bruit du retentissement de l'écho produit par l'unanimité des acclamations sorties de toutes les bouches vraiment françaises, fut celui de la proclamation du glorieux nom de l'illustre homme d'Etat décoré de l'immortel titre de Sauveur de la patrie.

Grand et illustre homme d'Etat, au dévouement patriotique, aux lumières et à la sagesse duquel la France reconnaissante du généreux témoignage d'abnégation qui vous mérite l'application de ces paroles de saint Paul : « Nul de nous ne vit pas

seulement pour soi-même, mais pour les autres, »
a confié l'honorable et haute mission de la rele-
ver de son abaissement, et de la venger (en pareil
cas, la justice et la vengeance ne sont qu'une
même chose), par le châtiment trop mérité des
farouches auteurs de nos désastres.

Daignez permettre à ma confiance sans bornes
dans la pureté des principes qui vous dirigent, et
dans la bienveillante indulgence des vertus simples
et douces qui caractérisent en vous l'homme de
bien, d'oser prendre la liberté de vous prier
d'agréer l'humble hommage de la reconnaissance
personnelle et particulière du plus sincère et du
plus profondément respectueux de vos innom-
brables admirateurs.

Paris.— Imp. MOQUET, rue des Fossés-Jacques, 11.